D1922453

DEUTSCHE RECHTSCHREIBUNG AKTUELL

Karin A. Stock, M. A.

Compact Verlag

© 2007 Compact Verlag München
Alle Rechte vorbehalten. Nachdruck, auch auszugsweise, nur mit ausdrücklicher Genehmigung des Verlages gestattet.
Chefredaktion: Dr. Angela Sendlinger
Redaktion: Astrid Kaufmann
Fachredaktion: Torsten Zander
Produktion: Wolfram Friedrich
Umschlaggestaltung: Inga Koch

ISBN-13: 978-3-8174-7677-0
ISBN-10: 3-8174-7677-9
7176774

Besuchen Sie uns im Internet: www.compactverlag.de

Inhaltsverzeichnis

Vorwort – Sprache verändert sich

Sprache ist ein lebendiges Gut, sie verändert sich laufend. Auch bei der Schreibung sind von Zeit zu Zeit leichte Anpassungen nötig, damit Regeln nachvollziehbar und leicht vermittelbar bleiben. Dennoch ist die Rechtschreibreform in Medien, Fachkreisen und der Bevölkerung sehr kontrovers diskutiert worden. Selten vernahm man dabei positive Worte, meist wurden die Reformbemühungen mit harscher Kritik bedacht. Doch Sprache ist kein in sich abgeschlossener Mikrokosmos, sondern muss sich den jeweiligen Gegebenheiten anpassen. Was die Schreibung angeht, so war ein jahrhundertelanger Prozess nötig, bis man zur erstrebten Einheitlichkeit gelangte.

Im Grunde beginnt die Geschichte der deutschen Rechtschreibung bereits im frühen Mittelalter, als gelehrte Mönche die lateinischen Texte der Bibel handschriftlich ins Deutsche übertrugen. Die Erfindung der Buchdruckkunst durch *Johannes Gutenberg* (um 1397–1468) förderte dann langsam den Ruf nach einer Vereinheitlichung der deutschen Rechtschreibung.
Auch der Reformator *Martin Luther* (1483–1546) war maßgeblich an den Bestrebungen beteiligt, die Orthografie des Deutschen zu vereinheitlichen. Im 18. Jh. wurden verstärkt Regelwerke zur Rechtschreibung des Deutschen veröffentlicht, die sich am obersächsischen Deutsch, dem so genannten „Luther-Deutsch“, orientierten. Im

19. Jh. verfasste dann der Sprach- und Altertumswissenschaftler *Jacob Grimm* (1785–1863) seine „Deutsche Grammatik" (1819–1837) und gab zusammen mit seinem Bruder *Wilhelm Grimm* (1786–1859) die ersten Bände des großen „Deutschen Wörterbuchs" (1852ff.) heraus. Im Jahr 1876 fand in Berlin erstmals eine „Orthographische Konferenz" statt. Aber auch zu diesem Zeitpunkt war man noch weit entfernt von einem einheitlichen Regelwerk.

1880 gab *Konrad Duden* (1829–1911) das erste „Orthographische Wörterbuch der deutschen Sprache" heraus. Bereits damals gab es eine vehemente Gegnerschaft hinsichtlich der „neuen" Rechtschreibung. Im Jahr 1901 fand dann eine weitere „Orthographische Konferenz" statt, die ein einheitliches Regelwerk im gesamten deutschsprachigen Raum, also auch in Österreich und der Schweiz, erreichen wollte. In Deutschland blieb aber bis in die 1940er-Jahre Konrad Dudens Regelwerk verbindlich. Erst im Jahr 1954 gab es erneute Bestrebungen, die deutsche Rechtschreibung zu reformieren, die allerdings von keinem nachhaltigen Erfolg gekrönt waren. Ab Mitte der 1970er-Jahre wurde ein neuer Versuch gestartet, der bereits die Grundlagen für die aktuelle Reform lieferte.

1996 wurden deren neue Regeln verabschiedet, die zum 1. August 1998 in Kraft traten. Es war zunächst eine Erprobungszeit bis zum 31. Juli

2005 vorgesehen. Da unterdessen die Diskussion um Vorzüge und Mängel der Reform kein Ende nahm, wurde im Oktober 2004 auf Beschluss der *Ständigen Konferenz der Kultusminister* ein *Rat für deutsche Rechtschreibung* eingesetzt, der einige Nachbesserungen vornehmen sollte.
Am 3. Juni 2005 bestätigte die Kultusministerkonferenz das Regelwerk von 1996 in einer überarbeiteten Fassung aus dem Jahr 2004.

Von Dezember 2004 bis Februar 2006 korrigierte der *Rat* allerdings nochmals vereinzelte strittige Punkte. Diese betreffen die Bereiche *Getrennt- und Zusammenschreibung, Groß- und Kleinschreibung, Zeichensetzung* und *Worttrennung am Zeilenende* und werden in der vorliegenden Broschüre im Einzelnen erläutert. Durch sie wird das Regelwerk von 2004 leicht modifiziert, das in seiner aktualisierten Fassung ab dem 1. August 2006 in allen deutschen Bundesländern Gültigkeit hat. Auswirkungen auf die Schulnoten sollen Fehler im Bereich der Nachbesserungen erst ab August 2007 haben.

Die Änderungen zielen insgesamt auf eine noch stärkere Vereinfachung und Systematisierung der deutschen Rechtschreibung ab. Sie werden auf den folgenden Seiten – im Vergleich zum Regelwerk von 2004 – umfassend dargestellt und anhand von Beispielen veranschaulicht.

1. Getrennt- und Zusammenschreibung

Bei den Änderungen im Bereich der Getrennt- und Zusammenschreibung ließ sich der Rat für deutsche Rechtschreibung von zwei Kriterien leiten:

- dem Gebrauch der Sprache (In welchem Sinnzusammenhang werden die jeweiligen Wörter verwendet?)
- dem Bau der Sprache (z. B. Grundlagen zur Bildung von Wortgruppen oder Zusammensetzungen)

Im Verlauf der Entwicklungsgeschichte des Deutschen bildete sich eine Tendenz zur Zusammenschreibung heraus. Diese Tradition ist auch die Grundlage für die Neuregelungen. Die Zusammen- bzw. Getrenntschreibung von Wörtern steht hierbei in engem Bezug zum Wortakzent. Haben zwei Wörter einen zusammenfassenden Wortakzent, werden sie also beim Sprechen zusammengezogen bzw. wird nur der erste Wortbestandteil betont, dann schreibt man sie auch zusammen. In den folgenden Bereichen hat sich die Schreibung nochmals geändert:

- ***Partikel* und *Verb***
- ***Adjektiv* und *Verb***
- ***Substantiv* und *Verb***
- ***Verb (Infinitiv)* und *Verb***
- **Verbindungen mit einem *Adjektiv als erstem Bestandteil***
- ***mehrgliedrige Anglizismen***

1.1 Die Schreibung von *Partikel* und *Verb*

NEUE REGEL

Partikel werden in Verbindung mit Verben grundsätzlich zusammengeschrieben.

Wenn man sich nicht sicher ist, ob es sich beim ersten Wort tatsächlich um eine Partikel handelt (und nicht um ein Adverb), kann man testen, ob dieses erste Wort allein betont wird (Erstbetonung). In diesem Fall ist es kein Adverb und wird mit dem Verb zusammengeschrieben.

Beispiele:

bisher	jetzt
*Manchen Menschen ist der Sinn für die Realität **abhanden gekommen**.*	*Ich vermisse meinen Regenschirm; er ist mir wohl **abhandengekommen**.*
*Im neuen Job ist es bei Kerstin schnell **aufwärts gegangen**.*	*Nach seiner schweren Krankheit ist es bei Robert rasch **aufwärtsgegangen**.*
*Er hat gleich am ersten Tag alle Pläne **zunichte gemacht**.*	*Mit deinen ewigen Beschwerden hast du das gute Geschäftsklima **zunichtegemacht**.*

*Ständig widersprichst du. Musst du dich immer **quer legen**?*	*Manche Menschen können sich nie einigen, stets müssen sie sich **querlegen**.*

Es gibt demnach keine Partikeln mehr, die grundsätzlich getrennt vom Verb geschrieben werden (wie bisher z. B. *abwärts*), sondern man muss bei seiner Entscheidung immer auf die Betonung achten und somit untersuchen, ob das erste Wort als Partikel oder als Adverb gebraucht wird.

INFO

Auch bisher war es so, dass Wörter getrennt geschrieben wurden, wenn das Kriterium der Erstbetonung nicht zutraf und beide Wörter gleichermaßen betont wurden. Es gilt also nach wie vor die Regel, dass bei adverbialem Gebrauch die Getrenntschreibung anzuwenden ist. Das erste Wort wird in diesen Fällen als Adverb, nicht als Partikel, gebraucht, da es das nachfolgende Verb näher bestimmt.

Beispiele:

*Viele Leute meinen, dass sie nur **vorwärts einparken** können.*

*Kinder sollen Rücksichtnahme lernen und **aufeinander achten**.*

„Müsst ihr denn immer ***quer*** (über dem Sofa) ***liegen****?", fragt die Mutter genervt.*

1.2 Die Schreibung von *Adjektiv* und *Verb*

Im Bereich der Schreibung von Adjektiv und Verb gibt es im Wesentlichen zwei Änderungen. Die eine bezieht sich auf die Zusammenschreibung bei neuer Gesamtbedeutung, die andere auf die Getrennt- oder Zusammenschreibung von Verbindungen, bei denen das Adjektiv das Ergebnis des Verbvorgangs bezeichnet.

NEUE REGEL

Adjektiv und Verb werden ausnahmslos zusammengeschrieben, wenn sich aus der Verbindung der beiden Bestandteile eine neue Gesamtbedeutung ergibt, die sich nicht mehr aus der Bedeutung der einzelnen Teile ableiten lässt.

Beispiele:

bisher	jetzt
Mobbing in der Schule ist keine Seltenheit. Aber muss man schwächere Mitschüler ***fertig machen*** (= belasten)?	*Wenn man lange arbeitslos ist, dann kann einen das ganz schön* ***fertigmachen*** (= belasten).

Es ist ihr ***schwer gefallen*** (= Mühe verursachen; Schwierigkeiten machen), *sich an der neuen Schule einzugewöhnen.*	*Gedichte zu lernen, das ist ihr nie sonderlich* ***schwergefallen*** (= Mühe verursachen; Schwierigkeiten machen).
Im Alter sind sich die verfeindeten Schwestern wieder ***näher gekommen*** (= sich besser verstehen).	*Auf der Party sind sich die Jugendlichen* ***nähergekommen*** (= sich besser verstehen).
Immer musst du deinen kleinen Bruder ärgern! Kannst du ihn nicht einmal ***zufrieden lassen*** (= in Ruhe lassen)?	*Es gibt Menschen, die sich stets in die Angelegenheiten anderer einmischen. Nie können sie ihre Mitmenschen* ***zufriedenlassen*** (= in Ruhe lassen).
Wie kann man denn für dieses Hobby etwas ***übrig haben*** (= Gefallen finden)?	*Noch nie habe ich für solche Filme etwas* ***übriggehabt*** (= Gefallen gefunden).

NEUE REGEL

Ein Adjektiv und ein Verb werden allerdings *nicht* zusammengeschrieben, wenn die Einzelbedeutungen der beiden Begriffe erhalten bleiben.

Beispiel 1:

Bei den heftigen Frühjahrsstürmen wurden zahlreiche Häuser ***schwer beschädigt*** (= stark in Mitleidenschaft gezogen).

Anderer Sinnzusammenhang
→ Zusammenschreibung:
Aufgrund eines Autounfalls ist er ***schwerbeschädigt*** (= gesundheitlich eingeschränkt).

Beispiel 2:

Auf der Eisfläche ist er ***schwer gefallen*** (= ernsthaft gestürzt).

Anderer Sinnzusammenhang
→ Zusammenschreibung:
Es ist ihr ***schwergefallen*** (= Mühe haben), *die steile Treppe zu steigen.*

INFO

Nach dem Regelwerk von 2004 mussten Adjektive, die auf *-ig, -isch* und *-lich* enden, vom Verb getrennt geschrieben werden. Diese rein formale Regel entfällt künftig.

Gegenüber den Regelungen aus dem Jahr 2004 tritt zudem eine Lockerung ein, was die so genannten **Resultativa** betrifft. Dabei handelt es sich um Verbindungen, bei denen das Adjektiv eine Eigenschaft bezeichnet, die ein Ergebnis (Resultat) des Verbalvorgangs ist.

NEUE REGEL

Bei Verbindungen, in denen ein einfaches Adjektiv das Ergebnis des Verbalvorgangs in Form einer Eigenschaft bezeichnet, ist grundsätzlich sowohl Zusammen- als auch Getrenntschreibung möglich.

Beispiele:

Für Nusskuchen muss man die Nüsse ***fein vermahlen/feinvermahlen****.*

Könntest du bitte das Gemüse für die Suppe ***klein schneiden/kleinschneiden****?*

Die Kinder wollen die Wände ihres Zimmers ***rot streichen/rotstreichen****.*

Der Junge schläft so tief, dass die Mutter ihn ***wach rütteln/wachrütteln*** *muss.*

Du musst die Bretter für das neue Baumhaus ***glatt hobeln/glatthobeln****.*

1.3 Die Schreibung von *Substantiv* und *Verb*

Im Vergleich zu dem Regelwerk von 2004 haben sich zwei wesentliche Änderungen ergeben, die

die Zusammenschreibung von Substantiv und Verb betreffen.

NEUE REGEL

Wenn der erste Bestandteil einer Zusammensetzung die Eigenschaften eines selbstständigen Substantivs weitgehend verloren hat, werden künftig beide Teile zusammengeschrieben.

Beispiele:

eislaufen, kopfstehen, leidtun, nottun, standhalten, stattfinden, stattgeben, statthaben, teilhaben, teilnehmen, wundernehmen

Die zweite Änderung bezieht sich auf vier Grenzfälle, bei denen es Interpretationssache ist, ob die ursprüngliche Eigenschaft des Substantivs erhalten geblieben ist oder nicht. Hier war bisher die Getrenntschreibung verbindlich. Nun steht es dem Schreiber offen, ob er – je nach Sinnzusammenhang – Getrennt- oder Zusammenschreibung bevorzugt.

NEUE REGEL

Künftig ist in den folgenden vier Grenzfällen sowohl Getrennt- als auch Zusammenschreibung erlaubt:
achtgeben/Acht geben, achthaben/Acht haben, haltmachen/Halt machen, maßhalten/Maß halten.

INFO

Aufpassen muss man bei der Steigerung von *achtgeben* bzw. *Acht geben.* Zulässig ist nur *sehr achtgeben* (Zusammenschreibung) oder *allergrößte Acht geben* (Getrenntschreibung).

In allen anderen Fällen gilt wie bisher die Regel, dass in Verbindungen aus Substantiv und Verb das Substantiv groß- und vom Verb getrennt geschrieben wird, wie z. B. *Auto fahren, Flugzeug fliegen, Rad fahren, Walzer tanzen, Zug fahren* usw.

NEUE REGEL – SONDERFÄLLE

Es existieren allerdings einige Sonderfälle aus dem Bereich des Sports. Sie können ebenfalls wahlweise als Zusammensetzung oder als Wortgruppe geschrieben werden.

Beispiele:

Brustschwimmen/Brust schwimmen *(sie schwimmt Brust),* ***delfinschwimmen/Delfin schwimmen*** *(sie schwimmt Delfin),* ***marathonlaufen/Marathon laufen*** *(er läuft Marathon)*

1.4 Die Schreibung von *Verb (Infinitiv)* und *Verb*

Im Falle einer Verbindung von zwei Verben, bei der das erste im Infinitiv steht, gibt es zwei Neuerungen.

Getrennt- und Zusammenschreibung

NEUE REGEL

Wortverbindungen, die sich aus Verb (Infinitiv) + Verb zusammensetzen, werden grundsätzlich getrennt geschrieben.

Beispiele:

baden gehen, einkaufen gehen, laufen lernen

Im Zusammenhang mit dieser Regel gibt es allerdings einige Ausnahmen:

NEUE REGEL – SONDERFÄLLE

Wenn die betreffende Wortverbindung aus Verb (Infinitiv) + Verb im übertragenen Sinne verwendet wird und ihr zweiter Bestandteil das Wort *bleiben* oder *lassen* ist, ist neben der Getrenntschreibung auch Zusammenschreibung erlaubt. Dies gilt ebenfalls für die Verbindung *kennen lernen/kennenlernen.*

Beispiele:

(sich) ***gehenlassen*** (= die Haltung verlieren), *(eine Verabredung)* ***platzenlassen*** (= absagen), *(einen Prozess)* ***ruhenlassen*** (= aufschieben), *(ein Treffen)* ***sausenlassen*** (= absagen), *(in der Schule)* ***sitzenbleiben*** (= nicht versetzt werden), *(die Schule)* ***schleifenlassen*** (= vernachlässigen), *(eine Aktion)* ***sterbenlassen*** (= aufgeben).

Die Möglichkeit der Zusammenschreibung ist deshalb auf Verbindungen mit den Verben *bleiben* oder *lassen* beschränkt, weil es ausschließlich diese beiden Wörter sind, die häufig im übertragenen Sinne verwendet werden.

1.5 Die Schreibung von *Verbindungen mit einem Adjektiv als erstem Bestandteil*

Im Falle von Verbindungen mit einem Adjektiv als erstem Bestandteil werden die bisher geltenden Regeln erweitert:
Während man bislang nur dann zwischen Getrennt- bzw. Zusammenschreibung wählen konnte, wenn die Verbindung der beiden Wörter als Einheit aufgefasst werden sollte, ist diese Einschränkung nun weggefallen.

NEUE REGEL

Bei Verbindungen mit einem einfachen **unflektierten** (= ungebeugten) **Adjektiv** als graduierender Bestimmung ist künftig sowohl die Getrennt- als auch die Zusammenschreibung möglich. Dies gilt ebenfalls für Verbindungen von **Substantiven, Adverbien** (= Umstandswörtern) oder **Pronomen** (= Fürwörtern) mit **Partizipien** (= Mittelwörtern), die adjektivisch gebraucht werden. Ist allerdings der erste Bestandteil erweitert oder gesteigert, darf nur getrennt geschrieben werden, z. B. *enger bedruckt*.

Beispiele:

Manche Landstriche in Deutschland sind ***dünn besiedelt/dünnbesiedelt*** (Adjektiv + Partizip).

Die Probleme in diesem Bereich sind ***eng verknüpft/engverknüpft*** (Adjektiv + Partizip).

Sie war ihrem ***schwer kranken/schwerkranken*** (Adjektiv + Adjektiv) *Ehemann eine* ***treu sorgende/treusorgende*** (Adverb + Partizip) *Gattin.*

Die Maßnahmen zum Abbau der Arbeitslosenzahlen sind leider nicht immer ***Erfolg versprechend/erfolgversprechend*** (Substantiv + Partizip).

Für ***Hilfe suchende/hilfesuchende*** (Substantiv + Partizip) *Eltern gibt es verschiedene Beratungsstellen.*

Die Arbeit als Erzieher im Kindergarten ist häufig sehr ***Kraft raubend/kraftraubend*** (Substantiv + Partizip).

INFO

Bei Verbindungen mit dem Verb *sein* hat sich gegenüber dem Regelwerk von 2004 nichts geändert. Solche Verbindungen werden nach wie vor getrennt geschrieben, da hier die Tendenz zur Zusammenschreibung nicht sehr ausgeprägt ist. Ausnahmen sind substantivierte Formen wie *das* ***Dabeisein*** und *das* ***Dasein***.

Beispiele:

zusammen sein, dabei sein, fertig sein, mutig sein, notwendig sein, vorbei sein, vorhanden sein, zufrieden sein, da sein, aus sein, zurück sein

aber:
*Das olympische Motto heißt „**Dabeisein** ist alles".*

1.6 Die Schreibung *mehrgliedriger Anglizismen*

Wie erwähnt, spielt der Wortakzent bei der Getrennt- bzw. Zusammenschreibung eine entscheidende Rolle. Gegenüber dem Regelwerk von 2004 gibt es bei der Schreibung mehrgliedriger Anglizismen zwei wesentliche Änderungen.

NEUE REGEL

Liegt bei mehrgliedrigen Anglizismen, die aus einem Adjektiv und einem Substantiv bestehen, der Hauptakzent auf dem adjektivischen Bestandteil, dann werden die Wörter zusammengeschrieben. Wenn jedoch beide Bestandteile einen Akzent tragen, ist nur Getrenntschreibung zulässig.

Beispiele:

Bluejeans, Chewinggum, Freestyle, Hardware, Hightech, Shootingstar, Swimmingpool
(Hauptakzent auf adjektivischem Bestandteil)

Aber:
Electronic Banking, Golden Goal, High Society, New Economy, Private Banking, Round Table
(Beide Bestandteile tragen einen Akzent.)

NEUE REGEL

Wenn beide der beschriebenen Akzentmuster möglich sind, können die Verbindungen sowohl getrennt als auch zusammengeschrieben werden.

Beispiele:

Big Band/Bigband, Hot Dog/Hotdog, Hot Pants/ Hotpants, Small Talk/Smalltalk, Soft Drink/Softdrink

Dieser Neuregelung liegt die Tatsache zugrunde, dass es drei unterschiedliche Stadien der Integration von Anglizismen in die deutsche Sprache gibt. Diese lassen sich jeweils an der Art der Betonung festmachen.

- **Lexikalisierungen** von Wörtern mit dem Hauptakzent auf der ersten Silbe (z. B. *Bluejeans*)
- **Übergangsbereich** (z. B. *Big Band/Bigband*)
- **Fremdwörter**, deren Betonungsregeln sich noch an der Herkunftssprache orientieren (z. B. *Golden Goal*)

2. Groß- und Kleinschreibung

Die Änderungen bei der Groß- und Kleinschreibung basieren in den meisten Fällen auf den (Neu-) Regelungen bei der Getrennt- und Zusammenschreibung (vgl. Kapitel 1).

INFO

Im Bereich der **Pronomina** und **Zahlwörter** konnte der Rat für deutsche Rechtschreibung allerdings keine einheitliche Lösung erzielen, sodass in diesem Punkt die bisherigen Regeln weiterhin uneingeschränkt gelten.

2.1 Änderungen bei einzelnen Schreibweisen

✦ Damit zwischen substantivischem und nicht-substantivischem Gebrauch unterschieden werden kann, ist in den folgenden Fällen künftig die Kleinschreibung anzuwenden: ***zu eigen machen, zu eigen geben*** (anders bei: *sein Eigen nennen*), ***jemandem feind/spinnefeind/todfeind sein*** (anders bei: *jemands ärgster/größter/schlimmster Feind sein*). Auch die Wörter ***freund, klasse*** und ***spitze*** sind in Verbindungen mit den Verben ***sein/bleiben/werden*** kleinzuschreiben. Ebenso verhält es sich bei den Wendungen ***not sein/schnuppe sein/wurst sein*** bzw. ***wurscht sein***.

Beispiele:
Mein neuer Kollege ***bleibt*** *mir einfach* ***fremd***.

Dieser Kuchen ***ist*** *richtig* ***klasse.***
Du ***bist spitze.***

- Bei den folgenden Wendungen ist der Status des ersten Wortes (Substantiv oder Adjektiv) nicht eindeutig klar. Sie wurden jedoch jetzt neu als Adjektive eingestuft, weshalb bei ***bankrottgehen*** und ***pleitegehen*** nur Klein- und Zusammenschreibung zulässig ist. Anders ist es bei: ***in den Bankrott gehen*** oder ***in die Pleite gehen***. Hier ist ***Pleite*** bzw. ***Bankrott*** eindeutig als Substantiv zu erkennen.

- Sowohl Groß- als auch Kleinschreibung ist nun in folgenden Verbindungen erlaubt: ***recht/Recht*** und ***unrecht/Unrecht*** mit den Verben ***behalten, bekommen, geben, haben, tun***. Bisher war hier nur Großschreibung zulässig.

- In der Wendung ***jenseits von Gut und Böse*** werden die Adjektive (*gut, böse*) als Substantive eingestuft und infolgedessen großgeschrieben.

2.2 Systematische Änderungen

Die systematischen Änderungen hinsichtlich der Groß- und Kleinschreibung beziehen sich hauptsächlich auf zwei Aspekte: auf feste Verbindungen aus **Adjektiv** und **Substantiv** sowie auf die **Anredepronomen** ***du*** und ***ihr*** sowie die entsprechenden **Possessivpronomen** (= besitzanzeigende Fürwörter) ***dein*** und ***euer***.

NEUE REGEL

In festen Verbindungen aus Adjektiv und Substantiv, die eine **idiomatisierte** (= neue) **Gesamtbedeutung** haben, aber keine Eigennamen sind, ist künftig die Großschreibung des Adjektivs erlaubt.

Beispiele:

*der **Blaue Brief*** (= Mahnschreiben), *der **Runde Tisch*** (= politische Diskussionsrunde), *das **Schwarze Brett*** (= Anschlagtafel), *der **Weiße Tod*** (= Lawinentod).

INFO

Liegt bei Verbindungen aus Adjektiv und Substantiv **keine idiomatisierte Gesamtbedeutung** vor, dann muss das Adjektiv kleingeschrieben werden.

Beispiele:

*die **höhere Kunst** des Kochens, das **tolle Treiben** der Narren, das **alte/neue Jahr**, das **autogene Training**.*

NEUE REGEL

Bei bestimmten substantivischen Wortgruppen muss das Adjektiv weiter großgeschrieben werden, obwohl es keine Eigennamen sind.

Beispiele:

*der **Heilige Vater**, die **Königliche Hoheit*** (= Titel);
*der **Erste Mai**, der **Heilige Abend**, der **Tag der Deutschen Einheit*** (= Kalendertage);
*die **Schwarzäugige Susanne*** (= Pflanzenname);
*der **Erste Staatsanwalt*** (= Amtsbezeichnung).

INFO

Im Unterschied zu dem Regelwerk von 2004 werden allerdings zukünftig bestimmte historische Ereignisse und Epochen, wie z. B. ***der Erste Weltkrieg*** oder ***die Goldenen Zwanziger***, zu den **Eigennamen** gezählt und damit weiterhin großgeschrieben.

NEUE REGEL

Künftig ist die Großschreibung der Anredepronomen ***du/Du*** und ***ihr/Ihr*** mit ihren entsprechenden Possessivpronomen ***dein/Dein*** und ***euer/Euer*** in Briefen als Ausdruck der Höflichkeit erlaubt.

Beispiel:

Liebe Marion,
*ich schreibe **dir/Dir** diesen Brief in der Hoffnung, dass ihr **eure/Eure** Wochenendplanung so verändert habt, dass **du/Du** mit mir in die Stadt gehen kannst.*

3. Zeichensetzung

Im Zusammenhang mit der Zeichensetzung treten ausschließlich Änderungen beim Komma auf; es sind zwei verschiedene Bereiche betroffen: zum einen das Komma bei **selbstständigen Sätzen**, die mit den beiordnenden **Konjunktionen** (= Bindewörter) ***und, oder*** usw. verbunden sind, zum anderen die Kommasetzung bei **Infinitivgruppen**. Ziel dieser Änderungen ist es, ein eindeutiges Textverständnis zu gewährleisten.

3.1 Kommasetzung bei selbstständigen Sätzen

Bisher stand es frei, ob man bei gleichrangigen Teilsätzen, die durch ***und, oder*** usw. verbunden sind, ein Komma setzt oder nicht. Die Neuregelung von 2006 hingegen beschränkt die Kommasetzung auf selbstständige Sätze. Hier ist sie allerdings weiterhin nicht verpflichtend.

NEUE REGEL

Werden zwei selbstständige Sätze mit den Konjunktionen ***und, oder, beziehungsweise (bzw.), entweder … oder, nicht … noch, weder … noch*** verbunden, dann darf ein Komma gesetzt werden, um die Gliederung des gesamten Satzes zu verdeutlichen. Nicht mehr zulässig ist die Kommasetzung bei nichtselbstständigen Sätzen, die mit den genannten Konjunktionen verbunden werden.

Beispiele:

bisher	jetzt
Sie traf sich mit ihrem Onkel (,) und dessen Arbeitskollegen waren auch mitgekommen. (= Anschluss eines selbstständigen Satzes)	*Sie traf sich mit ihrem Onkel (,) und dessen Arbeitskollegen waren auch mitgekommen.* (= Anschluss eines selbstständigen Satzes)
Es war nicht selten, dass er seine Freunde besuchte (,) und dass sie bis spät in die Nacht feierten.(= Anschluss eines nichtselbstständigen Satzes)	*Es war nicht selten, dass er seine Freunde besuchte und dass sie bis spät in die Nacht feierten.* (= Anschluss eines nichtselbstständigen Satzes)

3.2 Kommasetzung bei Infinitivgruppen

Bisher war die Kommasetzung bei Infinitiv-, Partizip- oder Adjektivgruppen (oder bei entsprechenden Wortgruppen) freigestellt. Diese Kann-Regelung wurde in Bezug auf die Infinitivgruppen aufgehoben.

NEUE REGEL

Infinitivgruppen müssen mit einem Komma abgegrenzt werden, wenn eine der drei Bedingungen zutrifft:

❶ die Infinitivgruppe wird mit den Konjunktionen ***um, ohne, statt, anstatt, außer, als*** eingeleitet
❷ die Infinitivgruppe hängt von einem Substantiv ab
❸ die Infinitivgruppe hängt von einem Korrelat oder Verweiswort ab

Beispiele:

Fallgruppe ❶
Er gibt Nachhilfestunden, ***um*** *sein Taschengeld aufzubessern.*
Der kleine Junge überquerte die Straße, ***ohne*** *auf die Autos zu achten.*
Er ging lieber ins Kino, ***anstatt*** *zu lernen.*
Ihr fiel nichts anderes ein, ***als*** *dauernd Unsinn zu machen.*

Fallgruppe ❷
Sie fasste den ***Entschluss,*** *endlich abzunehmen.*
Bei dem ***Versuch,*** *die Leiter zu erklimmen, rutschte er ab.*
Bei ihrem ***Vorhaben,*** *in das Haus einzubrechen, wurden die Diebe von den Hausbewohnern ertappt.*

Fallgruppe ❸
Kinder mögen ***es,*** *lange aufzubleiben.*
Sie hat ***es*** *nie bereut, diesen Beruf erlernt zu haben.*
Der Schüler hatte nicht ***damit*** *gerechnet, die Klasse doch noch zu schaffen.*

INFO

Die Neuregelungen von 2006 räumen die Möglichkeit ein, dass man in den Fallgruppen ❷ und ❸ das Komma weglassen kann, wenn ein bloßer Infinitiv (d. h. kein erweiterter Infinitiv mit *um*) vorliegt und keine Missverständnisse auftreten können.

Beispiele:

Ralf dachte ***darüber*** *nach* (,) *früher abzureisen.*

Gefahr eines Missverständnisses:
Die Schüler beabsichtigten nicht, zu lernen.
(Vgl.: *Die Schüler beabsichtigten, nicht zu lernen.*)

3.3 Sonderfälle

Außerhalb der Fallgruppen ❶ bis ❸ steht es frei, ein Komma zu setzen oder nicht. Man sollte sich aber grundsätzlich überlegen, ob die Gliederung des Satzes auch ohne Komma eindeutig ist. Diese Kann-Regelung gilt auch für Partizip-, Adjektiv- sowie entsprechende Wortgruppen.

Beispiele:

Den Plan (,) abzureisen (,) hatte Susanne schon lange gefasst.
Die Schüler standen (,) ihre Rucksäcke auf dem Rücken (,) vor dem Klassenzimmer.

4. Worttrennung am Zeilenende

Verglichen mit dem Umfang der Änderungen, die in den vorangegangenen Kapiteln dargestellt wurden, nehmen die Neuerungen im Bereich der Worttrennung am Zeilenende geringen Raum ein. Sie konzentrieren sich im Wesentlichen auf zwei Punkte: das Verbot, einzelne Vokale am Wortanfang und Wortende abzutrennen, sowie eine neue Rangfolge der bestehenden Trennungsregeln, die darauf abzielt, nach Möglichkeit stärker nach Sinnelementen zu trennen.

4.1 Vokale an Wortanfang und Wortende

Die bisherige Regelung, dass Einzelvokale an Wortanfang und Wortende abgetrennt werden dürfen, wurde wieder rückgängig gemacht.

NEUE REGEL

Sowohl am Anfang als auch am Ende eines Wortes dürfen Einzelvokale nicht abgetrennt werden.

Beispiele:

Nicht mehr gültig sind also folgende Worttrennungen: *A-bend, A-del, Bi-omüll, Bi-otonne, E-sel, Feiera-bend U-fer.*
Künftig gilt z. B.: *Bio-tonne, Feier-abend; Abend, Adel, Esel* und *Ufer* sind gar nicht mehr trennbar.

INFO

Einige Einschränkungen bei der Abtrennung einzelner Vokale am Wortende gab es auch bisher schon: *Klei-e, lau-e* war nicht erlaubt, sodass diese Wörter nicht trennbar waren.

4.2 Neue Rangfolge der Trennungsregeln

Die Rangordnung für die Worttrennung wurde nochmals geringfügig verändert.

bisher	jetzt
❶ Übergeordnetes Prinzip: Trennung nach Silben	❶ Übergeordnetes Prinzip: Trennung nach Silben
❷ Trennung mehrsilbiger einfacher Wörter/solcher mit Nachsilbe	❷ **Trennung zusammengesetzter Wörter/solcher mit Vorsilbe**
❸ Trennung zusammengesetzter Wörter/solcher mit Vorsilbe	❸ **Trennung mehrsilbiger einfacher Wörter/solcher mit Nachsilbe**
❹ Trennung zusammengesetzter Wörter (und solcher mit Vorsilbe), die nicht mehr als solche erkannt werden.	❹ Trennung zusammengesetzter Wörter (und solcher mit Vorsilbe), die nicht mehr als solche erkannt werden.

Wie man der Gegenüberstellung entnehmen kann, bleibt die Trennung nach Sprechsilben weiterhin als übergeordnetes Prinzip erhalten, von dem sich alle anderen Trennungsregeln ableiten. Durch die Umstellung der Punkte ❷ und ❸ möchte man das Bewusstsein für sinnvolles Trennen schärfen. Sinnvolles Trennen lässt sich am besten dadurch erreichen, dass nach Möglichkeit ein komplexes Wortganzes abgetrennt wird.

Auf diese Weise wird ein Zusammenhang zwischen **morphologischer** (= wortteilbezogener) und **silbenbezogener** Trennung hergestellt, was auch die folgende Darstellung der einzelnen Regeln deutlich macht.

NEUE REGEL

Zum einen kann nach Wortbestandteilen getrennt werden, zum anderen ist die Trennung im Wortinneren möglich. Die Trennung nach Wortbestandteilen soll vorrangig angewendet werden.

a) **Trennung nach Wortbestandteilen:**
Zusammengesetzte Wörter (z. B. Substantiv + Substantiv oder Adjektiv + Adjektiv) sowie Wörter mit einem **Präfix** (= Vorsilbe) werden an der Fuge getrennt. Mit Fuge ist die Schnittstelle zwischen den einzelnen Wörtern bzw. zwischen Präfix und Wort gemeint:
Sommer-hose, super-modern, Blumen-sprache

b) Trennung im Inneren von Wörtern:
Im Inneren von Wörtern wird nach Sprechsilben getrennt. Das betrifft auch die einzelnen Bestandteile zusammengesetzter und präfigierter Wörter:
Som-merho-se, su-permo-dern, Blu-menspra-che

Hervorgehoben werden soll ferner die folgende Regel, die im Regelwerk von 2004 noch nicht eingehender ausgeführt worden war.

NEUE REGEL

Zwischen Vokalbuchstaben, die zu unterschiedlichen Silben gehören, kann getrennt werden.

Beispiele:

Bau-er, Ei-er, europä-ische, Famili-en, freu-en, individu-ell, Knäu-el, Lai-en, Muse-um, na-iv, nati-onal, Ru-ine, Spi-on, steu-ern

4.3 Trennung am Zeilenende bei Fremdwörtern

Die erläuterten Regeln zur Worttrennung am Zeilenende gelten auch für **Fremdwörter**. Hierbei ergibt sich allerdings das Problem, dass man oftmals nicht wissen kann, aus welchen Einzelwörtern Zusammensetzungen bestehen und daher die Fuge nicht immer einwandfrei zu bestimmen ist.